Es sind immer die einfachsten Ideen, die außergewöhnliche Erfolge haben.

Leo N. Tolstoi

Keep it simple!

Inhalt

Rezeptinfos

 **SmartPoints Wert**
pro Person / Glas / Stück

Fertig in
Hier sind alle Vorbereitungsschritte, Marinier-,
Gar- und Backzeiten eingerechnet.

Davon aktiv
Diese Zeitangabe sagt dir, wie lange du wirklich
mit Schnippeln und Rühren beschäftigt bist.

 vegetarisch

 vegan

 glutenfrei

 laktosefrei

 nussfrei

So geht's
QR-Code scannen
und Einkaufslisten
entdecken.

Amélie R.
Aysun C.
Alex W.
Rachel L.
WW Teilnehmer

Teile Wellness mit deiner Welt.

Ganz gleich, ob es um bessere Ernährung, mehr Bewegung, dein Wohlbefinden oder Abnahme geht – WW steht für Wellness und einen gesünderen Lebensstil.

Wellness that Works.™

Clever kochen mit Basic-Zutaten

Wir alle kochen gern unkomplizierte Mahlzeiten ohne großen Aufwand, vor allem an stressigen Arbeitstagen. Für diese 47 abwechslungsreichen Rezepte brauchst du nicht mehr als 5 Hauptzutaten plus einige Basics aus deinem Vorrat und das Essen ist fertig – ohne lange Einkaufslisten und endloses Aufräumen nach der Zubereitung.

Ein gut gefüllter Vorratsschrank bedeutet, dass du aus ein paar einfachen Zutaten im Handumdrehen leckere Gerichte zubereiten kannst. Die Liste mit allen vorrätigen Zutaten, die in diesem Kochbuch verwendet wurden, kannst du sehr gut in vielen Rezepten einsetzen. Es lohnt sich also, sie immer parat zu haben. Die meisten dieser Lebensmittel sind lange haltbar, man sollte jedoch regelmäßig das Haltbarkeitsdatum checken, da Gewürze und Kräuter mit der Zeit an Geschmack verlieren können.

In einigen Rezepten haben wir TK-Kräuter verwendet, die du aber auch gegen getrocknete Kräuter austauschen kannst. Für mehr Frische und eine schöne Optik haben wir zum Servieren frische Kräuter verwendet, die du nach Wunsch einsetzen kannst.

Öl: Olivenöl, Rapsöl, Sesamöl, Sonnenblumenöl

Essig: Apfelessig, dunkler und heller Balsamicoessig, Kräuteressig, Rotweinessig

Saucen: Sojasauce

Kräuter & Gewürze: braune Senfkörner, Cayennepfeffer, Chiliflocken, Currypulver, Fenchelsamen, gemahlener Koriander, getrocknete Kräuter (z. B. Oregano, Rosmarin, Thymian), Gyrosgewürz, Kreuzkümmel, Kreuzkümmelsamen, Lorbeerblätter, Paprikapulver, Tandoori-Pulver, Zaatar-Gewürzmischung

Würzmittel: Gemüse- und Rinderbrühe (Instantpulver), Kapern, Knoblauch, Limettensaft, Paprikamark (alternativ Tomatenmark), Salz, Pfeffer, Senf, Zitronensaft, Zwiebeln

Sonstiges: Honig, Mehl, Paniermehl, Puderzucker, zarte Haferflocken

Keep it simple!

Fleisch & Geflügel

Steak-Kartoffel-Salat mit Honig-Senf-Dressing

Für 4 Personen   Fertig in 55 Min.   Davon aktiv 15 Min.

**350 g festkochende
Kartoffeln
500 g Rindersteak
250 g Cocktailtomaten
200 g Pflücksalatmischung
(Kühltheke)**

**AUS DEM VORRATSSCHRANK
Salz, Pfeffer
1 TL Olivenöl
2 TL Honig
1 EL Senf
3 EL heller Balsamicoessig
1 EL Rapsöl
75 ml Gemüsebrühe
(1/4 TL Instantpulver)
1 EL gehackter Dill (TK)**

1 Backofen auf 200° C (Gas: Stufe 3, Umluft: 180° C) vorheizen. Kartoffeln schälen und in ca. 1 cm große Würfel schneiden. Kartoffelwürfel auf ein mit Backpapier ausgelegtes Backblech geben, mit Salz und Pfeffer würzen und im Backofen auf mittlerer Schiene ca. 40 Minuten garen, dabei nach der Hälfte der Garzeit wenden.

2 Steak trocken tupfen und mit Salz und Pfeffer würzen. Olivenöl in einer Pfanne auf hoher Stufe erhitzen, Steak darin 2–4 Minuten von jeder Seite braten, ca. 5 Minuten in Alufolie gewickelt ruhen lassen und in Streifen schneiden.

3 Tomaten waschen und halbieren. Für das Dressing Honig mit Senf, Essig, Rapsöl, Brühe und Dill verquirlen. Salat waschen und trocken schleudern. Tomatenhälften mit Salat mischen, mit Steakstreifen und Kartoffelwürfeln belegen und mit Dressing beträufeln. Steak-Kartoffel-Salat servieren.

6 **SmartPoints Wert**   1211 kJ | 290 kcal

Naan-Pizza mit Curryhähnchen

Für 4 Personen   Fertig in 40 Min.   Davon aktiv 15 Min.

1 rote Zwiebel
500 g Hähnchenbrustfilet
2 1/2 EL grüne
Curry-Würzpaste
3 EL griechischer Joghurt,
bis 0,2 % Fett
4 Naan-Brote

AUS DEM VORRATSSCHRANK
1 TL Kreuzkümmelsamen
3 EL Rotweinessig
1 EL Puderzucker
Salz, Pfeffer
1 TL Olivenöl

ZUM SERVIEREN
einige Blätter Koriander

1 Zwiebel schälen und in feine Ringe schneiden. Kreuzkümmelsamen fettfrei in einer Pfanne auf mittlerer
Stufe 2–3 Minuten rösten.

2 Essig mit Puderzucker und 1 Prise Salz in einem Topf
auf mittlerer Stufe köcheln lassen, bis der Zucker sich
aufgelöst hat. Zwiebelringe mit der Hälfte der Kreuzkümmelsamen dazugeben und ca. 30 Minuten ziehen
lassen. Backofen mit Grillfunktion auf 240° C (Gas:
Stufe 5, Umluft: 220° C) vorheizen.

3 Hähnchenbrustfilet abspülen, trocken tupfen, in eine
Auflaufform (ca. 20 x 30 cm) geben, mit 2 EL Currypaste
bestreichen und mit Öl beträufeln. Hähnchenbrustfilet
im Backofen auf mittlerer Schiene ca. 20 Minuten grillen,
dabei nach der Hälfte der Garzeit wenden, ca. 10 Minuten
auskühlen lassen und in Streifen schneiden.

4 Joghurt mit restlicher Currypaste vermischen. Naan-
Brote rösten, mit Hähnchenbruststreifen und Zwiebel-
ringen belegen, mit Joghurt beträufeln, mit restlichen
Kreuzkümmelsamen bestreuen und Naan-Pizza nach
Wunsch mit Koriander garniert servieren.

6 **SmartPoints Wert**   1437 kJ | 343 kcal

So geht's auch

**Für einen intensiveren Kreuz-
kümmel-Geschmack zerkleinere
die Kreuzkümmelsamen grob
nach dem Rösten.**

Grüne Bohnen-Lamm-Eintopf

Für 4 Personen   Fertig in 60 Min.   Davon aktiv 15 Min.

**500 g Drillinge
(kleine Kartoffeln)
500 g grüne Bohnen
450 g Lammfilet
400 g stückige Tomaten
(Konserve)
8 Scheiben Ciabatta**

**AUS DEM VORRATSSCHRANK
1 TL Olivenöl
Salz, Pfeffer
300 ml Gemüsebrühe
(1 1/2 TL Instantpulver)
2 Lorbeerblätter**

1 Drillinge waschen und halbieren. Bohnen waschen und in ca. 3 cm große Stücke schneiden. Lammfilet trocken tupfen und in ca. 2 cm große Würfel schneiden.

2 Öl in einem Topf auf mittlerer bis hoher Stufe erhitzen, Lammwürfel darin 3–5 Minuten rundherum anbraten und mit Salz und Pfeffer würzen. Kartoffelhälften, Tomaten, Brühe und Lorbeerblätter dazugeben, mit Salz und Pfeffer würzen, aufkochen und auf niedriger bis mittlerer Stufe mit Deckel ca. 15 Minuten köcheln lassen.

3 Bohnen zum Eintopf geben und mit Deckel weitere ca. 30 Minuten köcheln lassen. Grüne Bohnen-Lamm-Eintopf mit Ciabatta servieren.

8 **SmartPoints Wert**   1714 kJ | 410 kcal

So geht's auch
Für 0 SmartPoints kann der Eintopf um 1 Konserve abgetropfte Bohnen ergänzt werden.

Keep it simple!

Balsamico-Hähnchen mit Rösttomaten

Für 4 Personen   Fertig in 70 Min.   Davon aktiv 20 Min.

**4 Hähnchenbrustfilets
(à 150 g)
600 g Cocktailtomaten
1 Handvoll Basilikumblätter
200 g trockene Spaghetti**

**AUS DEM VORRATSSCHRANK
1 TL Olivenöl
4 Knoblauchzehen
3 EL dunkler Balsamicoessig
1 TL Puderzucker
1 TL getrockneter Thymian
1 TL Chiliflocken
Salz, Pfeffer**

1 Backofen auf 170° C (Gas: Stufe 2, Umluft: 150° C) vorheizen. Hähnchenbrustfilets abspülen und trocken tupfen. Tomaten waschen und halbieren. Öl in einer Pfanne auf mittlere Stufe erhitzen und Hähnchenbrustfilets darin ca. 2 Minuten von jeder Seite braten.

2 Basilikum waschen, trocken schütteln und die Hälfte hacken. Knoblauch hacken und mit Tomatenhälften, Essig, gehacktem Basilikum, Puderzucker, Thymian und Chiliflocken in einer Auflaufform (ca. 20 x 30 cm) vermischen.

3 Hähnchenbrustfilets daraufgeben, mit Salz und Pfeffer würzen, mit Alufolie abdecken und im Backofen auf mittlerer Schiene ca. 60 Minuten garen, dabei die letzten 10 Minuten ohne Alufolie backen.

4 Nudeln nach Packungsanweisung in Salzwasser garen und abgießen. Nudeln mit Balsamico-Hähnchen und restlichem Basilikum garniert servieren.

6 **SmartPoints Wert**   1648 kJ | 394 kcal

Zitroniges Schweinefilet mit Spinat

Für 4 Personen   **Fertig in 50 Min.**   **Davon aktiv 10 Min.**

550 g Schweinefilet
100 g WW Zitronen- &
Kräuter-Marinade
400 g Baby-Blattspinat
2 Dosen weiße Bohnen
(à 265 g Abtropfgewicht)
1/2 unbehandelte Zitrone

AUS DEM VORRATSSCHRANK
1 TL Rapsöl
1 EL Wasser
Salz, Pfeffer

1 Schweinefilet trocken tupfen, mit Marinade in einen Gefrierbeutel geben, gut verkneten und ca. 20 Minuten marinieren. Backofen auf 220° C (Gas: Stufe 4, Umluft: 200° C) vorheizen.

2 Baby-Blattspinat waschen und trocken schleudern. Bohnen abspülen und abtropfen lassen. Zitronenschale abreiben und Zitronenhälfte auspressen.

3 Schweinefilet abtropfen lassen. Öl in einer Pfanne auf hoher Stufe erhitzen, Schweinefilet darin ca. 5 Minuten rundherum braten, herausnehmen, in Alufolie wickeln und im Backofen auf mittlerer Schiene 18–20 Minuten garen. Schweinefilet ca. 5 Minuten ruhen lassen.

4 Eine Pfanne auf mittlerer Stufe erhitzen und Spinat mit Wasser darin 2–3 Minuten garen. Bohnen dazugeben, erwärmen, mit Salz und Pfeffer würzen und mit Zitronensaft und -schale verfeinern. Schweinefilet in 12 Scheiben schneiden und mit Spinat servieren.

 3 **SmartPoints Wert**   1382 kJ | 330 kcal

Mmmh!

WW Zitronen- & Kräuter-Marinade macht Fleisch besonders zart und verleiht eine spritzige Zitronen-Note für 2 SmartPoints. Erhältlich im WW Studio und auf weightwatchers-shop.de.

Curryhuhn mit gerösteten Süßkartoffeln

Für 4 Personen   Fertig in 2 Std. 45 Min.   Davon aktiv 15 Min.

**4 Hähnchenbrustfilets
(à 150 g)
100 g griechischer Joghurt,
bis 0,2 % Fett
600 g Süßkartoffeln
1 unbehandelte Zitrone
1 Dose Kichererbsen
(265 g Abtropfgewicht)**

**AUS DEM VORRATSSCHRANK
2 Knoblauchzehen
1 1/2 EL Currypulver
Salz, Pfeffer
1 EL Olivenöl**

**ZUM SERVIEREN
1 Handvoll Rucola**

1 Hähnchenbrustfilets abspülen und trocken tupfen. Für die Marinade Knoblauch pressen. Joghurt mit 1 EL Currypulver, Knoblauch, Salz und Pfeffer verrühren. Marinade und Hähnchenbrustfilets in einen Gefrierbeutel geben, gut verkneten und im Kühlschrank ca. 2 Stunden marinieren.

2 Backofen auf 200° C (Gas: Stufe 3, Umluft: 180° C) vorheizen. Süßkartoffeln waschen und in Spalten schneiden. Zitrone in Scheiben schneiden. Kichererbsen abspülen und abtropfen lassen.

3 Süßkartoffelspalten mit Kichererbsen, Zitronenscheiben, restlichem Currypulver, Öl, Salz und Pfeffer in einer Auflaufform (ca. 20 x 30 cm) vermischen, Hähnchenbrustfilets daraufsetzen und im Backofen auf mittlerer Schiene 40–45 Minuten garen. Curryhuhn mit gerösteten Süßkartoffeln und nach Wunsch mit Rucola servieren.

 **SmartPoints Wert**   1897 kJ | 453 kcal

Thai-Rindfleisch-Salat mit Reisnudeln

Für 4 Personen   Fertig in 20 Min.   Davon aktiv 10 Min.

200 g trockene Reisnudeln
1 unbehandelte Limette
6 Frühlingszwiebeln
1 rote Chilischote
450 g Rindersteak

AUS DEM VORRATSSCHRANK
Salz, Pfeffer
1 1/2 EL Rapsöl
2 EL Sojasauce
1/2 TL Honig

1 Nudeln nach Packungsanweisung in Salzwasser garen und abgießen. Limette halbieren und eine Hälfte in Spalten schneiden. Limettenschale von restlicher Limettenhälfte abreiben und Limettenhälfte auspressen. Für das Dressing 1 TL Öl, Sojasauce, Honig, Limettensaft und -schale verrühren.

2 Drei Viertel des Dressings mit Nudeln vermischen. Frühlingszwiebeln waschen und in feine Ringe schneiden. Chilischote waschen, entkernen und fein würfeln. Steak trocken tupfen.

3 Restliches Öl in einer Pfanne auf hoher Stufe erhitzen, Steak darin 3–5 Minuten von jeder Seite braten, mit Salz und Pfeffer würzen und in Alufolie gewickelt ca. 5 Minuten ruhen lassen. Steak in Streifen schneiden.

4 Nudeln mit Frühlingszwiebelringen und Chiliwürfeln bestreuen, mit Steakstreifen garnieren und mit restlichem Dressing beträufeln. Thai-Rindfleisch-Salat servieren.

9 **SmartPoints Wert**   1604 kJ | 383 kcal

Extra knackig
Schneide 2 gelbe Paprika in Würfel und mische sie unter den Salat.

Hähnchen-Lauch-Risotto mit Parmesan

Für 4 Personen   Fertig in 50 Min.   Davon aktiv 15 Min.

300 g Hähnchenbrustfilet
3 Stangen Lauch
300 g trockener Risottoreis
100 g Erbsen (TK)
40 g geriebener Parmesan

AUS DEM VORRATSSCHRANK
1 TL Rapsöl
1 Knoblauchzehe
1 TL getrockneter Thymian
1 Liter Gemüsebrühe
(4 1/2 TL Instantpulver)

1 Hähnchenbrustfilet abspülen, trocken tupfen und in Würfel schneiden. Lauch waschen und in Ringe schneiden. Öl in einem Topf auf mittlerer Stufe erhitzen und Lauchringe darin ca. 5 Minuten dünsten. Knoblauch dazupressen, Hähnchenbrustwürfel, Thymian und Reis dazugeben und ca. 5 Minuten mitdünsten.

2 Mit Brühe aufgießen, bis die Reiskörner knapp bedeckt sind. Bei geringer Hitze 25–30 Minuten garen, dabei unter Rühren regelmäßig Brühe nachgießen. Ca. 2 Minuten vor Ende der Garzeit Erbsen dazugeben.

3 20 g Parmesan unter das Risotto rühren und mit Salz und Pfeffer würzen. Hähnchen-Lauch-Risotto mit restlichem Parmesan bestreut servieren.

9 **SmartPoints Wert**   1967 kJ | 470 kcal

Gut zu wissen

Das Risotto sollte während des Kochens viel umgerührt werden. Somit wird die Reisstärke freigesetzt und das Risotto erhält seine cremige Textur.

Tatar-Gurken-Bowl mit Spiegelei

Für 4 Personen   **Fertig in 20 Min.**   **Davon aktiv 10 Min.**

200 g trockener Jasminreis
2 Salatgurken
500 g Tatar
1 EL Sesam
4 Eier (Größe M)

AUS DEM VORRATSSCHRANK
Salz, Pfeffer
2 Knoblauchzehen
1 1/2 EL Rapsöl
1 EL Sojasauce
1 EL Apfelessig

1 Reis nach Packungsanweisung in Salzwasser garen. Knoblauch fein hacken. Gurken waschen, längs halbieren, Kerne mit einem Löffel entfernen und Gurken in Stücke schneiden.

2 1/2 EL Öl in einem Wok oder einer Pfanne auf hoher Stufe erhitzen, Tatar mit Knoblauch darin krümelig anbraten, mit Salz und Pfeffer würzen und herausnehmen. 1/2 EL Öl mit Sojasauce und Essig im Bratensatz erhitzen und Gurkenstücke darin ca. 5 Minuten braten. Sesam dazugeben und verrühren.

3 Restliches Öl in einer Pfanne auf hoher Stufe erhitzen und Eier als Spiegeleier darin 1–2 Minuten braten. Reis in 4 Schalen anrichten, Tatar und Gurkenstücke daraufgeben, Spiegelei daraufsetzen und Tatar-Gurken-Bowl mit Pfeffer bestreut servieren.

 **SmartPoints Wert**   2125 kJ | 508 kcal

Spicy!
Verfeinere die Gurken zusätzlich mit Chiliflocken.

Panierte Zitronen-Putensteaks mit Kartoffelstampf

Für 4 Personen   Fertig in 2 Std. 40 Min.   Davon aktiv 20 Min.

2 unbehandelte Zitronen
4 Putensteaks (à 150 g)
600 g Drillinge
(kleine Kartoffeln)
2 EL gehackte Petersilie
50 g frisches Paniermehl

AUS DEM VORRATSSCHRANK
1 TL gemischte getrocknete
Kräuter
Salz, Pfeffer
1 EL Olivenöl

1 Schale einer Zitrone abreiben einer Zitrone abreiben und Zitrone auspressen. Restliche Zitrone in Spalten schneiden. Für die Marinade Zitronenschale und -saft mit Kräutern, Salz und Pfeffer vermischen. Putensteaks abspülen, trocken tupfen, mit der Marinade in einen Gefrierbeutel geben, gut verkneten und im Kühlschrank ca. 2 Stunden marinieren.

2 Drillinge waschen, mit Schale in Salzwasser ca. 20 Minuten garen, abgießen und kurz abkühlen lassen. Kartoffeln grob zerstampfen, mit Petersilie vermischen und mit Salz und Pfeffer würzen.

3 Paniermehl in einem tiefen Teller verteilen. Putensteaks abtropfen lassen und in der Panade wenden. Öl in einer Pfanne auf hoher Stufe erhitzen und Putensteaks darin nacheinander 4–5 Minuten von jeder Seite braten. Zitronen-Putensteaks mit Kartoffelstampf und Zitronenspalten servieren.

5 **SmartPoints Wert**   1488 kJ | 356 kcal

Feiner Geschmack
Frisches Paniermehl gibt es beim Bäcker zu kaufen.
Alternativ: Reibe altbackenes Weißbrot mit einer Küchenreibe.

Geschmorter Lammbraten mit Zucchini

Für 6 Personen   Fertig in 65 Min.   Davon aktiv 20 Min.

**500 g Drillinge
(kleine Kartoffeln)
3 Zucchini
250 g kleine Rispentomaten
80 g entsteinte grüne Oliven
in Lake
1 kg magerer Lammbraten
ohne Knochen**

**AUS DEM VORRATSSCHRANK
Salz, Pfeffer
1 EL Olivenöl
2 EL Zitronensaft
2 EL gehackter Oregano (TK)**

1 Backofen auf 200° C (Gas: Stufe 3, Umluft: 180° C) vorheizen. Kartoffeln waschen, in Salzwasser ca. 15 Minuten garen und abgießen. Zucchini waschen und in Scheiben schneiden. Tomaten waschen. Lammbraten trocken tupfen und mit Küchengarn alle 5 cm umwickeln.

2 Öl in einem Bräter auf hoher Stufe erhitzen und Lammbraten darin ca. 10 Minuten rundherum anbraten. Kartoffeln und Zucchinischeiben zufügen, mit Zitronensaft beträufeln und mit Salz und Pfeffer würzen. Im Backofen auf mittlerer Schiene ca. 20 Minuten garen. Tomaten, Oliven und Oregano zufügen und weitere ca. 10 Minuten garen. Geschmorten Lammbraten servieren.

10 **SmartPoints Wert**   1633 kJ | 390 kcal

So schmeckt's auch

Ein frischer Salat (250 g Pflücksalatmischung) mit dem Joghurt-Dressing von Seite 37 für 0 SmartPoints ist eine perfekte Ergänzung.

Wärmende Pesto-Hühner-Suppe

Für 4 Personen   Fertig in 30 Min.   Davon aktiv 10 Min.

**2 Dosen Cannellini-Bohnen
(à 265 g Abtropfgewicht)
400 g Hähnchenbrustfilet
200 g Baby-Blattspinat
2 EL Pesto verde
20 g Parmesanhobel**

**AUS DEM VORRATSSCHRANK
1 TL Chiliflocken
2 Lorbeerblätter
1,4 Liter Gemüsebrühe
(6 1/2 TL Instantpulver)
Salz, Pfeffer**

1 Bohnen abspülen und abtropfen lassen. Hähnchenbrust-filet abspülen, trocken tupfen und in Stücke schneiden. Hähnchenbruststücke mit Bohnen, Chiliflocken, Lorbeer-blättern und Brühe in einen Topf geben, aufkochen lassen und auf mittlerer Stufe ca. 30 Minuten köcheln lassen, dabei gelegentlich umrühren.

2 Spinat waschen und trocken schleudern. Lorbeerblätter aus der Suppe entfernen. Bohnen leicht zerstampfen. Spinat dazugeben und zusammenfallen lassen. Pesto unter die Suppe rühren, mit Salz und Pfeffer abschmecken und Pesto-Hühner-Suppe mit Parmesanhobeln garniert servieren.

2 SmartPoints Wert   1392 kJ | 333 kcal

Du magst mehr Gemüse?
**Dann ersetze 1 Dose Cannellini-Bohnen durch
Prinzessbohnen und erhöhe den Baby-Blattspinat
auf 300 g.**

Teriyaki-Rindfleisch-Pfanne mit Ingwer

Für 4 Personen   Fertig in 20 Min.   Davon aktiv 10 Min.

1 Stück Ingwer (ca. 3 cm)
500 g grüne Bohnen
500 g Rindersteak
200 g trockene Eiernudeln
3 EL Teriyaki-Sauce

AUS DEM VORRATSSCHRANK
1/2 TL Chiliflocken
Salz, Pfeffer
1 EL Sonnenblumenöl

1 Ingwer schälen und reiben. Bohnen waschen und in Stücke schneiden. Steak trocken tupfen, in Streifen schneiden und mit Chiliflocken, Salz und Pfeffer würzen.

2 Nudeln nach Packungsanweisung in Salzwasser garen. Öl in einer Pfanne auf hoher Stufe erhitzen und Ingwer darin kurz anbraten. Bohnenstücke dazugeben, 3–5 Minuten mitbraten und herausnehmen.

3 Nudeln abgießen. Steakstreifen im Bratensatz 1–2 Minuten rundherum braten. Bohnenstücke mit Nudeln und Teriyaki-Sauce zufügen und 1–2 Minuten mitbraten. Teriyaki-Rindfleisch-Pfanne mit Salz und Pfeffer abschmecken und servieren.

10 **SmartPoints Wert**   1689 kJ | 404 kcal

Gegrilltes Fenchel-Hähnchen mit Apfel-Kartoffel-Salat

Für 4 Personen   Fertig in 45 Min.   Davon aktiv 20 Min.

**800 g Drillinge
(kleine Kartoffeln)
1 rote Zwiebel
4 Hähnchenbrustfilets
(à 150 g)
2 Äpfel (z. B. Braeburn)
5 EL Magermilchjoghurt**

**AUS DEM VORRATSSCHRANK
Salz, Pfeffer
1 EL Fenchelsamen
1 TL Rapsöl
1 EL heller Balsamicoessig
1 TL Senf**

**ZUM SERVIEREN
125 g Rucola**

1 Kartoffeln waschen und mit Schale in Salzwasser ca. 20 Minuten garen. Fenchelsamen grob mahlen. Zwiebel schälen und in feine Streifen schneiden. Hähnchebrustfilets abspülen, trocken tupfen, flacher klopfen und mit Fenchelsamen, Salz und Pfeffer würzen.

2 Öl in einer Pfanne auf hoher Stufe erhitzen, Hähnchenbrustfilets darin 6–8 Minuten von jeder Seite braten, herausnehmen und in Scheiben schneiden.

3 Äpfel waschen, vierteln, entkernen und in Stifte schneiden. Kartoffeln abgießen und halbieren. Für das Dressing Joghurt mit Essig, Senf, Salz und Pfeffer verrühren. Kartoffelhälften mit Apfelstiften, Zwiebelstreifen und Dressing vermischen und mit Fenchel-Hähnchen und nach Wunsch mit Rucola servieren.

4 SmartPoints Wert   1602 kJ | 383 kcal

Sloppy Joes mit Kürbiswedges

Für 4 Personen   Fertig in 45 Min.   Davon aktiv 30 Min.

1 Butternutkürbis (ca. 900 g)
500 g Tatar
400 g stückige Tomaten (Konserve)
4 Blätter Kopfsalat
4 kleine Hamburger-Brötchen

AUS DEM VORRATSSCHRANK
1 1/2 EL Olivenöl
1/2 TL Chiliflocken
1 TL gemischte getrocknete Kräuter
Salz, Pfeffer
1 Knoblauchzehe
200 ml Rinderbrühe
(1 TL Instantpulver)

1 Backofen auf 200° C (Gas: Stufe 3, Umluft: 180° C) vorheizen. Kürbis waschen, halbieren, Kerne mit einem Löffel entfernen und Kürbis in Spalten schneiden. Kürbisspalten auf ein mit Backpapier ausgelegtes Backblech geben, mit 1 EL Öl beträufeln, mit Chiliflocken und 1/2 TL Kräutern bestreuen und mit Salz und Pfeffer würzen. Kürbisspalten im Backofen auf mittlerer Schiene 40–45 Minuten backen.

2 Restliches Öl in einer Pfanne auf hoher Stufe erhitzen und Tatar darin krümelig anbraten. Knoblauch dazupressen, ca. 1 Minute mitbraten und mit Brühe und Tomaten ablöschen. Mit restlichen Kräutern verfeinern, aufkochen und auf mittlerer Stufe ca. 15 Minuten köcheln lassen.

3 Salat waschen und trocken schütteln. Burgerbrötchen aufschneiden und rösten. Untere Brötchenhälften mit Salat belegen, Tatarmischung daraufgeben und mit oberen Brötchenhälften abdecken. Sloppy Joes mit Kürbiswedges servieren.

8 **SmartPoints Wert**   1712 kJ | 409 kcal

Very American

Ein Sloppy Joe (dt. ‚schlampiger Joe') ist ein Imbiss, bei dem eine Hackfleischsauce, ähnlich einem Hamburger, auf einem Brötchen serviert wird.

Cremiges Erdnuss-Hähnchen mit Reis

Für 4 Personen   Fertig in 20 Min.   Davon aktiv 15 Min.

200 g trockener Basmatireis
2 unbehandelte Limetten
4 Frühlingszwiebeln
600 g Hähnchenbrustfilet
2 EL Erdnussbutter

AUS DEM VORRATSSCHRANK
Salz, Pfeffer
1 TL Currypulver
1 TL Chiliflocken
2 EL Honig
1 EL Sojasauce
1 TL Sesamöl

ZUM SERVIEREN
einige Blätter Koriander

1 Reis nach Packungsanweisung in Salzwasser garen. Schale einer Limette abreiben und Limette auspressen. Restliche Limette in Spalten schneiden. Frühlingszwiebeln waschen und in Ringe schneiden. Hähnchenbrustfilet abspülen, trocken tupfen, in Streifen schneiden und mit Currypulver und Chiliflocken bestreuen.

2 Für die Sauce Erdnussbutter mit Honig, Sojasauce und 2 EL Wasser verrühren. Öl in einer Pfanne auf mittlerer Stufe erhitzen und Hähnchenbruststreifen darin 8–10 Minuten rundherum braten. Mit Erdnusssauce ablöschen, verrühren und ca. 2 Minuten köcheln lassen.

3 Limettenschale, -saft und Hälfte der Frühlingszwiebelringe zu den Hähnchenbruststreifen geben, verrühren und mit Salz und Pfeffer würzen. Erdnuss-Hähnchen mit Reis, restlichen Frühlingszwiebelringen, Limettenspalten und nach Wunsch mit Koriander garniert servieren.

8 **SmartPoints Wert**   1833 kJ | 438 kcal

Tipp
Zu diesem Gericht passt 1 Packung thailändische Gemüsemischung (TK).

Rindersteak mit gegrillter Ananas

Für 1 Person   Fertig in 35 Min.   Davon aktiv 30 Min.

1 Zucchini
1/4 Ananas
50 g trockener Bulgur
1 Rindersteak (200 g)

AUS DEM VORRATSSCHRANK
1 kleine Zwiebel
2 TL Olivenöl
Salz, Pfeffer
Chiliflocken
1 EL gehackte Petersilie (TK)

1 Zwiebel schälen, Zucchini waschen und beides in kleine Würfel schneiden. Ananas schälen, Strunk entfernen und Ananas in Spalten schneiden. 1 TL Öl in einer Pfanne auf mittlerer Stufe erhitzen und Zwiebelwürfel darin 1–2 Minuten anbraten. Zucchiniwürfel dazugeben, 3–5 Minuten mitbraten und mit Salz und Pfeffer würzen.

2 Bulgur nach Packungsanweisung in Salzwasser garen. Steak trocken tupfen. Restliches Öl in einer Grillpfanne auf hoher Stufe erhitzen, Steak darin 3–5 Minuten von jeder Seite braten, salzen, pfeffern, herausnehmen und in Alufolie gewickelt ruhen lassen. Ananasspalten im Bratensatz ca. 5 Minuten rundherum braten.

3 Bulgur mit Gemüsewürfeln und Petersilie mischen und mit Chiliflocken, Salz und Pfeffer abschmecken. Rindersteak mit gegrillter Ananas und Gemüsebulgur servieren.

 **12** **SmartPoints Wert**   2738 kJ | 654 kcal

Frische Schärfe
Du kannst auch gerne eine frische rote Chilischote verwenden.

Griechischer Nudelsalat mit Putengyros

Für 2 Personen   Fertig in 30 Min.   Davon aktiv 15 Min.

**120 g trockene Kritharaki
(Griechische Reisnudeln)
400 g Putenbrustfilet
1 Salatgurke
2 Tomaten
100 g fettarmer Joghurt**

**AUS DEM VORRATSSCHRANK
Salz, Pfeffer
2 TL Olivenöl
1 TL Gyrosgewürz
1 kleine Zwiebel
1 Knoblauchzehe**

1 Nudeln nach Packungsanweisung in Salzwasser garen, abgießen und abkühlen lassen. Putenbrust abspülen, trocken tupfen und in Streifen schneiden. Öl mit Gyrosgewürz verrühren. Mit Fleisch in einen Gefrierbeutel geben, gut verkneten und im Kühlschrank ca. 10 Minuten marinieren.

2 Gurke waschen und in Scheiben schneiden. Tomaten waschen und in Scheiben schneiden. Zwiebel schälen und in Ringe schneiden. Knoblauch fein hacken, mit Joghurt verrühren und mit Salz und Pfeffer abschmecken.

3 Putenbruststreifen in einer beschichteten Pfanne ca. 6 Minuten rundherum braten. Etwas abkühlen lassen. Mit Nudeln, Gurken- und Tomatenscheiben, Zwiebelringen und Joghurtdressing mischen und griechischen Nudelsalat servieren.

9 **SmartPoints Wert**   2316 kJ | 553 kcal

Mehr Abwechslung
Eine grüne Paprika in Streifen geschnitten sorgt für mehr Biss.

Mini-Schnitzel mit Farfalle und milder Tomatensauce

Für 4 Personen Fertig in 35 Min. Davon aktiv 25 Min.

500 g Cocktailtomaten
500 g Schweineschnitzel
2 Eier (Größe M)
200 g trockene Farfalle
500 g passierte Tomaten
(Konserve)

AUS DEM VORRATSSCHRANK
70 g zarte Haferflocken
Salz, Pfeffer
3 TL Rapsöl

ZUM SERVIEREN
3 Stängel Basilikum

1 Cocktailtomaten waschen und halbieren. Schweineschnitzel trocken tupfen, flacher klopfen und in Stücke schneiden. Für die Panade Haferflocken in einem tiefen Teller verteilen. Eier mit Salz und Pfeffer in einem weiteren tiefen Teller verquirlen. Schnitzelstücke erst in Ei und dann in der Panade wenden. Nudeln nach Packungsanweisung in Salzwasser garen.

2 Öl in einer Pfanne auf mittlerer bis hoher Stufe erhitzen und Mini-Schnitzel darin 5–6 Minuten von jeder Seite braten. Für die Sauce passierte Tomaten in einem Topf auf mittlerer Stufe erhitzen und ca. 5 Minuten köcheln lassen. Mit Salz und Pfeffer würzen, Cocktailtomatenhälften unterheben und kurz erwärmen. Nudeln abgießen. Mini-Schnitzel mit Farfalle nach Wunsch mit Basilikum garniert servieren.

10 **SmartPoints Wert** 2166 kJ | 518 kcal

Geheimtipp

Noch fruchtiger wird die Sauce, wenn 2 getrocknete Tomaten ohne Öl ca. 10 Minuten in 50 ml heißer Brühe (1/4 TL Instantpulver) eingeweicht, samt Sud mit den passierten Tomaten geköchelt und dann püriert werden.

Tandoori-Hähnchen mit Gurken-Raita

Für 4 Personen   Fertig in 45 Min.   Davon aktiv 15 Min.

1/2 unbehandelte Zitrone
600 g Hähnchenbrustfilet
250 g Magermilchjoghurt
200 g trockener Basmatireis
2 Salatgurken

AUS DEM VORRATSSCHRANK
2 EL Tandoori-Pulver
Salz, Pfeffer
1 TL braune Senfkörner
1 TL Kreuzkümmel

1 1 TL Zitronenschale abreiben und Zitronenhälfte auspressen. Hähnchenbrustfilet abspülen, trocken tupfen
und in Stücke schneiden. Hähnchenbruststücke mit
50 g Joghurt, Tandoori-Pulver, 1/2 TL Zitronenschale,
Salz und Pfeffer in einen Gefrierbeutel geben, gut verkneten und im Kühlschrank ca. 20 Minuten marinieren.

2 Backofen auf 180° C (Gas: Stufe 2, Umluft: 160° C) vorheizen. Hähnchenbruststücke abtropfen lassen, auf ein
mit Backpapier ausgelegtes Backblech legen und im
Backofen auf mittlerer Schiene ca. 20 Minuten backen.
Reis nach Packungsanweisung in Salzwasser garen.

3 Für das Dressing restlichen Joghurt mit 2 TL Zitronensaft, restlicher Zitronenschale, Senfkörnern, Kreuzkümmel, Salz und Pfeffer verrühren. Gurken waschen,
in Scheiben hobeln, kräftig salzen, ca. 15 Minuten ziehen
lassen und überschüssige Flüssigkeit ausdrücken. Gurkenscheiben mit Dressing vermischen. Tandoori-Hähnchen
mit Gurken-Raita und Reis servieren.

 **5 SmartPoints Wert**   1635 kJ | 391 kcal

Schweinesteaks mit Melonen-Couscous-Salat

Für 4 Personen   Fertig in 2 Std. 20 Min.   Davon aktiv 20 Min.

4 Schweine-Minutensteaks
(à 80 g)
150 g trockener Couscous
1 kleine Wassermelone
1 Handvoll Brunnenkresse

AUS DEM VORRATSSCHRANK
1 EL dunkler Balsamicoessig
1 TL Honig
2 TL Kreuzkümmelsamen
450 ml heiße Gemüsebrühe
(2 TL Instantpulver)
Salz, Pfeffer
2 EL Limettensaft

ZUM SERVIEREN
1 Stängel Minze

1 Schweine-Minutensteaks trocken tupfen. Für die Marinade Essig und Honig verrühren. Marinade mit Steaks in einen Gefrierbeutel geben, gut verkneten und im Kühlschrank ca. 2 Stunden marinieren.

2 Couscous mit Kreuzkümmelsamen vermischen, mit Brühe übergießen und nach Packungsanweisung quellen lassen. Couscous ca. 30 Minuten abkühlen lassen, mit Salz und Pfeffer würzen und mit Limettensaft verfeinern.

3 Melone halbieren, Kerne mit einem Löffel entfernen und Melone in Spalten schneiden. Fruchtfleisch von der Schale schneiden und in ca. 3 cm große Würfel schneiden. Brunnenkresse waschen, trocken schütteln und grob hacken. Couscous mit Melonenwürfeln und Brunnenkresse vermischen und mit Salz und Pfeffer abschmecken.

4 Schweinesteaks abtropfen lassen. Eine Grillpfanne auf hoher Stufe erhitzen, Schweinesteaks darin fettfrei ca. 5 Minuten von jeder Seite grillen, herausnehmen und in Alufolie gewickelt ca. 5 Minuten ruhen lassen. Melonen-Couscous-Salat nach Wunsch mit Minze bestreuen und mit Schweinesteaks servieren.

6 SmartPoints Wert   1667 kJ | 398 kcal

So wird's orientalisch

Ergänze den Melonen-Couscous-Salat um
1 Dose Kichererbsen (265 g Abtropfgewicht)
für 0 SmartPoints.

Fisch & Meeresfrüchte

Gebackener Piri-Piri-Kabeljau

Für 4 Personen   Fertig in 60 Min.   Davon aktiv 20 Min.

600 g Süßkartoffeln
3 rote Paprika
3 rote Zwiebeln
4 Kabeljaufilets (à 140 g)
2–3 EL scharfe Piri-Piri-Sauce

AUS DEM VORRATSSCHRANK
1 TL Kreuzkümmel
1 TL Paprikapulver
1 TL getrockneter Thymian
1 EL Olivenöl
Salz, Pfeffer

ZUM SERVIEREN
2 EL gehackte Petersilie

1 Backofen auf 200° C (Gas: Stufe 3, Umluft: 180° C) vorheizen. Süßkartoffeln waschen. Paprika waschen und entkernen. Zwiebeln schälen und mit Süßkartoffeln und Paprika in Spalten schneiden. Gemüse auf ein mit Backpapier ausgelegtes Backblech geben, mit Kreuzkümmel, Paprikapulver, Thymian, Öl, Salz und Pfeffer vermischen und im Backofen auf mittlerer Schiene ca. 40 Minuten backen.

2 Kabeljaufilets abspülen, trocken tupfen, mit Piri-Piri-Sauce beträufeln, 10–12 Minuten vor Ende der Garzeit auf das Gemüse geben und mitbacken. Gebackenen Piri-Piri-Kabeljau nach Wunsch mit Petersilie garniert servieren.

8 **SmartPoints Wert**   1656 kJ | 396 kcal

Fertig?

Um herauszufinden, ob der Fisch durchgegart ist, brich ein kleines Stückchen ab. Wenn es sich leicht zerpflücken lässt und keine glasigen Stellen mehr zu erkennen sind, ist der Fisch gar.

Frittata mit geräucherter Makrele

Für 4 Personen   **Fertig in 75 Min.**   **Davon aktiv 15 Min.**

**400 g Drillinge
(kleine Kartoffeln)
50 g Baby-Blattspinat
1/2 Bund Basilikum
300 g geräucherte Makrele
10 Eier (Größe M)**

**AUS DEM VORRATSSCHRANK
Salz, Pfeffer
1 TL gemischte getrocknete
Kräuter
1 TL Chiliflocken**

1 Kartoffeln waschen, längs in ca. 2 mm dicke Scheiben schneiden und in Salzwasser 8–10 Minuten garen. Spinat waschen und trocken schleudern. Basilikum waschen, trocken schütteln und grob hacken. Makrele mit einer Gabel in Stücke zerpflücken.

2 Backofen auf 170° C (Gas: Stufe 2, Umluft: 150° C) vorheizen. Kartoffeln abgießen und kurz abkühlen lassen. Eier mit Kräutern, Chiliflocken, 1 EL Wasser, Salz und Pfeffer verquirlen.

3 Kartoffelscheiben, Makrelenstücke, Spinat und Basilikum in eine mit Backpapier ausgelegte Auflaufform (ca. 20 x 30 cm) schichten, Eimischung darübergeben und im Backofen auf mittlerer Schiene 50–60 Minuten garen. Frittata in Stücke schneiden und servieren.

2 **SmartPoints Wert**   2228 kJ | 532 kcal

Dazu passt ein Karottensalat

4 fein geraspelte Karotten mit einem Dressing aus 125 ml Buttermilch, 1 TL Honig, 1 EL gehackte Kräuter (TK), 1 EL Zitronensaft, Salz und Pfeffer verrühren. Der SmartPoints Wert erhöht sich um 1 pro Person.

Würzige Garnelen-Laksa

Für 4 Personen **Fertig in 25 Min.** **Davon aktiv 5 Min.**

4 EL grüne Thai-Curry-Würzpaste
200 ml fettreduzierte Kokosmilch
200 g trockene Reisnudeln
165 g küchenfertige Garnelen
175 g Maiskölbchen (Konserve)

AUS DEM VORRATSSCHRANK
400 ml Gemüsebrühe (2 TL Instantpulver)
1 EL Sojasauce
Salz, Pfeffer

ZUM SERVIEREN
1 EL gehackter Koriander

1 Brühe mit Currypaste, Kokosmilch und Sojasauce in einem Topf vermischen, aufkochen und auf mittlerer Stufe ca. 15 Minuten köcheln lassen.

2 Reisnudeln nach Packungsanweisung in Salzwasser garen. Garnelen abspülen und trocken tupfen. Maiskölbchen abtropfen lassen, längs halbieren, mit Garnelen in die Kokosmilch-Brühe-Mischung geben und 3–5 Minuten garen.

3 Reisnudeln abgießen, mit Garnelen-Laksa und nach Wunsch mit Koriander garniert servieren.

10 **SmartPoints Wert** 1479 kJ | 354 kcal

Gut zu wissen

Du möchtest wissen, wann die Garnelen richtig durchgegart sind? Garnelen werden rosa, wenn sie fertig sind.

Mehr Abwechslung

Schneide 4 Karotten in dünne Streifen, die du in der Brühe mitköcheln lässt.

Gefüllte Paprika mit Thunfisch und Reis

Für 2 Personen   Fertig in 40 Min.   Davon aktiv 20 Min.

100 g trockener Langkornreis
300 g Tomaten
2 große grüne Paprika
4 EL Magerquark
1 Dose Thunfisch im eigenen Saft (150 g Abtropfgewicht)

AUS DEM VORRATSSCHRANK
Salz, Pfeffer
1/2 TL Zitronensaft
1 TL gehackte Petersilie (TK)
2 TL Kapern
1 TL gehackter Oregano (TK)

1 Reis nach Packungsanweisung in Salzwasser garen. Backofen mit Grillfunktion auf 240° C (Gas: Stufe 5, Umluft: 220° C) vorheizen. Tomaten waschen und würfeln. Paprika waschen, Deckel abschneiden und würfeln. Paprika entkernen und in kochendem Salzwasser ca. 5 Minuten bissfest garen, herausnehmen und abtropfen lassen.

2 Für den Dip Quark mit Zitronensaft, Petersilie, Salz und Pfeffer verrühren. Thunfisch abtropfen lassen, mit 100 g Tomatenwürfeln, Kapern und 1/2 TL Oregano unter den Reis mischen und kurz erwärmen. Reismasse mit Salz und Pfeffer abschmecken, Paprika damit befüllen und in eine Auflaufform (ca. 20 x 25 cm) setzen.

3 Restliche Tomaten- und Paprikawürfel um die Paprika herum verteilen und mit Salz, Pfeffer und restlichem Oregano würzen. Gefüllte Paprika im Backofen im oberen Drittel 8–10 Minuten grillen und mit Dip servieren.

6   **SmartPoints Wert**   1608 kJ | 384 kcal

Gerösteter Lachs mit Erbsen und Chorizo

Für 4 Personen   **Fertig in 80 Min.**   **Davon aktiv 15 Min.**

**600 g Drillinge
(kleine Kartoffeln)
150 g Chorizo
3 rote Zwiebeln
4 Lachsfilets (à 120 g)
200 g Erbsen (TK)**

**AUS DEM VORRATSSCHRANK
1 TL gemischte getrocknete
Kräuter
1 TL Paprikapulver
1 EL Olivenöl
Salz, Pfeffer**

1 Drillinge waschen und mit Schale in Salzwasser 20–25 Minuten garen. Backofen auf 200° C (Gas: Stufe 3, Umluft: 180° C) vorheizen. Chorizo würfeln. Zwiebeln schälen und in Spalten schneiden. Lachsfilets abspülen und trocken tupfen.

2 Kartoffeln abgießen, kurz abkühlen lassen und halbieren. Kartoffelhälften, Chorizowürfel, Zwiebelspalten, Kräuter, Paprikapulver, Öl, Salz und Pfeffer auf einem mit Backpapier ausgelegten Backblech vermischen und im Backofen auf mittlerer Schiene ca. 20 Minuten garen, dabei nach der Hälfte der Garzeit wenden.

3 Erbsen zu der Gemüsemischung geben, mit Lachsfilets belegen, mit Salz und Pfeffer würzen, weitere 12–15 Minuten mitgaren und servieren.

9 **SmartPoints Wert**   2393 kJ | 572 kcal

Für ein Plus an Gemüse

Ersetze die Drillinge durch Blumenkohlröschen. Diese musst du nicht vorgaren – gebe sie einfach mit den Erbsen und Lachsfilets in den Ofen. Der SmartPoints Wert reduziert sich auf 6.

One Pot Kabeljau mit Reis

Für 4 Personen   Fertig in 35 Min.   Davon aktiv 10 Min.

**200 g trockener
Vollkorn-Basmatireis
1 große Zucchini
120 g Cocktailtomaten
4 Kabeljaufilets (à 140 g)
2 EL Pesto verde**

**AUS DEM VORRATSSCHRANK
400 ml Gemüsebrühe
(2 TL Instantpulver)
Salz, Pfeffer**

1 Backofen auf 200° C (Gas: Stufe 3, Umluft: 180° C) vorheizen. Reis mit Brühe in eine ofenfeste Pfanne geben,
auf mittlerer Stufe aufkochen und ca. 12 Minuten köcheln
lassen. Zucchini waschen, raspeln und unter den Reis
rühren.

2 Tomaten waschen. Kabeljaufilets abspülen, trocken tupfen
und mit Pesto bestreichen. Kabeljaufilets mit Tomaten
auf den Reis geben. Im Backofen auf mittlerer Schiene
12–15 Minuten garen, mit Salz und Pfeffer würzen und
One Pot Kabeljau mit Reis servieren.

7 **SmartPoints Wert**   1445 kJ | 345 kcal

Mehr Auswahl
Auch andere weiße Fischfilets
oder Lachsfilets eignen sich für
dieses Gericht.

Knuspriger Wolfsbarsch mit Sesamnudeln

Für 4 Personen   Fertig in 25 Min.   Davon aktiv 15 Min.

200 g trockene Vollkornspaghetti
4 Wolfsbarschfilets (à 90 g)
1 Stück Ingwer (ca. 5 cm)
6 Pak Choi
1 EL Sesam

AUS DEM VORRATSSCHRANK
Salz, Pfeffer
1 Knoblauchzehe
1/2 EL Sesamöl
1 TL Chiliflocken
1 EL Sojasauce

1 Nudeln nach Packungsanweisung in Salzwasser garen. Wolfsbarschfilets abspülen und trocken tupfen. Ingwer schälen und mit Knoblauch fein hacken. Pak Choi waschen und Blätter vom Strunk entfernen.

2 Öl in einer Pfanne auf mittlerer bis hoher Stufe erhitzen. Wolfsbarschfilets darin ca. 2 Minuten von jeder Seite braten, herausnehmen und warm stellen.

3 Ingwer mit Knoblauch im Bratensatz ca. 2 Minuten anbraten. Sesam, Chiliflocken und Pak Choi dazugeben und ca. 2 Minuten mitdünsten. Nudeln abgießen, unter das Gemüse heben, darin erwärmen und mit Sojasauce verfeinern. Wolfsbarsch mit Sesamnudeln servieren.

6 **SmartPoints Wert**   1780 kJ | 426 kcal

Gut zu wissen

Wenn du den Fisch mit Haut brätst, intensiviert sich sein Geschmack und die Filets fallen nicht so leicht auseinander.

Würziger Lachs-Reis-Salat

Für 4 Personen **Fertig in 45 Min.** **Davon aktiv 20 Min.**

**300 g trockene
Wildreismischung
4 Lachsfilets (à 120 g)
1 unbehandelte Zitrone
2 Salatgurken
4 EL Magermilchjoghurt**

**AUS DEM VORRATSSCHRANK
Salz, Pfeffer
1/2 TL Paprikapulver
1/2 TL Cayennepfeffer
1/2 TL Kreuzkümmel**

1 Backofen auf 180° C (Gas: Stufe 2, Umluft: 160° C) vorheizen. Reis nach Packungsanweisung in Salzwasser garen und ca. 20 Minuten abkühlen lassen. Lachsfilets abspülen, trocken tupfen und auf ein mit Backpapier ausgelegtes Backblech legen.

2 Paprikapulver, Cayennepfeffer und Kreuzkümmel vermischen. Lachsfilets mit der Gewürzmischung bestreuen, im Backofen auf mittlerer Schiene 8–10 Minuten garen, ca. 20 Minuten abkühlen lassen und ca. 10 Minuten kalt stellen.

3 Zitronenschale abreiben und Zitrone auspressen. Gurken waschen, längs halbieren, Kerne mit einem Löffel entfernen und Gurken in dicke Scheiben schneiden. Gurkenscheiben mit der Hälfte des Zitronensafts, Salz und Pfeffer vermischen.

4 Für das Dressing Joghurt mit restlichem Zitronensaft und -schale vermischen. Lachsfilets in Stücke zerteilen und mit der Gurkenmischung unter den Reis heben. Lachs-Reis-Salat mit Dressing beträufeln und servieren.

8 **SmartPoints Wert** 2326 kJ | 556 kcal

Kartoffel-Schellfisch-Pfanne

Für 4 Personen   Fertig in 45 Min.   Davon aktiv 15 Min.

**600 g festkochende
Kartoffeln
4 geräucherte
Schellfischfilets (à 120 g)
2 Schalotten
3 Tomaten**

**AUS DEM VORRATSSCHRANK
2 Knoblauchzehen
Salz, Pfeffer
1 TL Olivenöl
1 TL Currypulver**

**ZUM SERVIEREN
1 EL gehackte Petersilie**

1 Kartoffeln waschen und in Salzwasser ca. 30 Minuten garen. Backofen auf 200° C (Gas: Stufe 3, Umluft: 180° C) vorheizen. Schellfischfilets auf ein mit Backpapier ausgelegtes Backblech legen und im Backofen auf mittlerer Schiene ca. 8 Minuten garen.

2 Schalotten schälen und würfeln. Knoblauch hacken. Tomaten waschen und würfeln. Kartoffeln abgießen, kurz abkühlen lassen und in Stücke schneiden. Öl in einer Pfanne auf mittlerer Stufe erhitzen und Schalottenwürfel mit Knoblauch darin ca. 8 Minuten anbraten. Kartoffelstücke mit Curry dazugeben, Kartoffeln leicht zerstampfen und ca. 5 Minuten mitbraten. Tomatenwürfel dazugeben und weitere 2 Minuten garen.

3 Kabeljaufilets kurz abkühlen lassen, in Stücke zerteilen, unter die Kartoffeln geben und mit Salz und Pfeffer würzen. Kartoffel-Schellfisch-Pfanne nach Wunsch mit Petersilie garniert servieren.

3   SmartPoints Wert   1043 kJ | 249 kcal

So schmeckt's auch

Gib 500 g Broccoliröschen (TK) zusammen mit den Kartoffeln in die Pfanne.

Cremige Lachs-Nudeln

Für 4 Personen   **Fertig in 20 Min.**   **Davon aktiv 10 Min.**

240 g trockene Fusilli
600 g Stangenbroccoli
1/2 unbehandelte Zitrone
4 Lachsfilets (à 120 g)
4 EL Crème légère

AUS DEM VORRATSSCHRANK
Salz, Pfeffer
1 TL Olivenöl
1 TL Senf

ZUM SERVIEREN
einige Stängel Dill

1 Nudeln nach Packungsanweisung in Salzwasser garen. Broccoli waschen und ca. 15 Minuten in Salzwasser garen. Zitronenschale abreiben und Zitronenhälfte auspressen. Lachsfilets abspülen und trocken tupfen.

2 Öl in einer Pfanne auf hoher Stufe erhitzen, Lachsfilets darin 4–5 Minuten von jeder Seite braten und in Stücke zerteilen.

3 Broccoli abgießen. Nudeln abgießen, dabei 50 ml Nudelwasser auffangen. Crème légère, Zitronenschale, -saft und Senf vermischen und mit Nudeln und Nudelwasser vermischen. Lachsstücke und nach Wunsch Dill unterheben, mit Salz und Pfeffer würzen. Cremige-Lachs-Nudeln mit Broccoli servieren.

8 **SmartPoints Wert**   2280 kJ | 545 kcal

So geht's auch
Mit Vollkornnudeln erhälst du mehr Ballaststoffe.
Die SmartPoints ändern sich nicht.

Bulgursalat mit Thunfisch und grünen Bohnen

Für 4 Personen   **Fertig in 20 Min.**   **Davon aktiv 10 Min.**

150 g trockener Bulgur
500 g grüne Bohnen
2 Dosen Thunfisch im eigenen Saft (à 150 g Abtropfgewicht)
1 unbehandelte Limette
2 EL Tahin (Sesampaste)

AUS DEM VORRATSSCHRANK
Salz, Pfeffer
1 TL Honig
2 EL Wasser

ZUM SERVIEREN
1 EL gehackte Petersilie

1 Bulgur nach Packungsanweisung in Salzwasser garen und abkühlen lassen. Bohnen waschen und ca. 10 Minuten in Salzwasser blanchieren. Thunfisch abtropfen lassen. Bohnen abgießen, abschrecken und mit dem Thunfisch unter den Bulgur rühren.

2 Für das Dressing Limettenschale abreiben und Limette auspressen. Tahin mit Limettenschale, -saft, Honig, Wasser, Salz und Pfeffer verrühren. Dressing über den Bulgursalat träufeln und nach Wunsch mit Petersilie garniert servieren.

6 **SmartPoints Wert**   1252 kJ | 299 kcal

Veggie

Ziegenkäseomelette mit Lauch

Für 4 Personen   Fertig in 65 Min.   Davon aktiv 15 Min.

300 g Süßkartoffeln
2 Stangen Lauch
150 g Erbsen (TK)
8 Eier (Größe M)
75 g Ziegenfrischkäsetaler

AUS DEM VORRATSSCHRANK
1/2 TL Paprikapulver
Salz, Pfeffer
1 TL Olivenöl

1 Backofen auf 200° C (Gas: Stufe 3, Umluft: 180° C) vorheizen. Süßkartoffeln waschen und in dünne Spalten schneiden. Süßkartoffelspalten auf ein mit Backpapier ausgelegtes Backblech geben, mit Paprikapulver, Salz und Pfeffer vermischen und im Backofen auf mittlerer Schiene ca. 40 Minuten backen, dabei nach der Hälfte der Backzeit wenden.

2 Lauch waschen und in feine Ringe schneiden. Öl in einer ofenfesten Pfanne auf mittlerer Stufe erhitzen und Lauchringe darin 8–10 Minuten dünsten. Erbsen dazugeben und ca. 1 Minute mitdünsten.

3 Eier mit Salz und Pfeffer verquirlen und zur Lauch-Erbsen-Mischung geben. Ziegenkäse in dünne Scheiben schneiden, über dem Omelette verteilen und im Backofen mit den Süßkartoffeln 15–20 Minuten backen. Omelette vierteln und mit Süßkartoffelspalten servieren.

5 **SmartPoints Wert**   1608 kJ | 384 kcal

Dazu passt ...

... 125 g Baby-Blattspinat und das Essig-Öl-Dressing von Seite 81 für 1 SmartPoints pro Person.

Orientalischer Süßkartoffelsalat

Für 4 Personen   **Fertig in 35 Min.**   **Davon aktiv 20 Min.**

500 g Süßkartoffeln
200 g Pflücksalatmischung
(Kühltheke)
150 g Avocadofruchtfleisch
40 g Schafskäse,
25 % Fett i. Tr.

AUS DEM VORRATSSCHRANK
1 1/2 TL Zaatar-Gewürz-
mischung
1/2 TL Paprikapulver
Salz, Pfeffer
1 1/2 TL Apfelessig
2 TL Olivenöl

1 Backofen auf 200° C (Gas: Stufe 3, Umluft: 180° C) vorheizen. Süßkartoffeln schälen und in ca. 2 cm große
Würfel schneiden. Süßkartoffelwürfel auf ein mit Backpapier ausgelegtes Backblech legen, mit Zaatar, Paprikapulver, Salz und Pfeffer vermischen und im Backofen auf
mittlerer Schiene ca. 25 Minuten garen, dabei nach der
Hälfte der Garzeit wenden.

2 Für das Dressing Essig mit Öl, Salz und Pfeffer verrühren.
Salat waschen und trocken schleudern. Avocadofruchtfleisch würfeln und mit Salat und Dressing vermischen.
Süßkartoffelwürfel daraufgeben und Schafskäse darüber-
bröseln. Süßkartoffelsalat servieren.

9 **SmartPoints Wert**   1106 kJ | 264 kcal

Kleiner Tipp
Am besten servierst du den Salat, wenn die
Süßkartoffelwürfel noch warm sind.

Ofenkartoffeln mit Ricotta und Rösttomaten

Für 4 Personen **Fertig in 90 Min.** **Davon aktiv 15 Min.**

4 Ofenkartoffeln (à 180 g)
2 Zweige Thymian
500 g Cocktailtomaten
200 g Pflücksalatmischung
(Kühltheke)
75 g Ricotta

AUS DEM VORRATSSCHRANK
1 EL Olivenöl
1 EL dunkler Balsamicoessig
Salz, Pfeffer

1 Backofen auf 200° C (Gas: Stufe 3, Umluft: 180° C) vorheizen. Kartoffeln waschen und Schale mehrfach mit einer Gabel einstechen. Kartoffeln auf ein mit Backpapier ausgelegtes Backblech legen und im Backofen auf mittlerer Schiene ca. 80 Minuten backen.

2 Thymian waschen und trocken schütteln. Tomaten waschen, mit Thymian in eine Auflaufform geben, mit 1/2 EL Öl und 1/2 EL Essig beträufeln und mit Salz und Pfeffer würzen. Tomaten mit Thymian ca. 35 Minuten vor Ende der Garzeit zu den Kartoffeln geben und mitbacken.

3 Salat waschen, trocken schleudern und mit restlichem Öl, Essig, Salz und Pfeffer vermischen. Thymian vom Backblech entfernen. Ofenkartoffeln leicht zerteilen, mit Ricotta und Rösttomaten belegen und mit Salat servieren.

6 **SmartPoints Wert** 952 kJ | 227 kcal

Geheimtipp

Der frische Thymian verstärkt das Aroma der Rösttomaten. Anstatt Thymian kannst du auch frischen Rosmarin verwenden.

Couscous-Zucchini-Taler mit Dip

Für 12 Stücke   Fertig in 45 Min.   Davon aktiv 25 Min.

100 g trockener Couscous
1 kleine Zucchini (ca. 150 g)
1 Ei (Größe M)
200 g Magermilchjoghurt
1 TL gehackter Koriander

AUS DEM VORRATSSCHRANK
175 ml Gemüsebrühe
(1 TL Instantpulver)
Salz, Pfeffer
1 TL Zitronensaft

1 Couscous nach Packungsanweisung in Brühe garen. Zucchini waschen und raspeln. Couscous auflockern und abkühlen lassen. Backofen auf 180° C (Gas: Stufe 2, Umluft: 160° C) vorheizen.

2 Ei verquirlen, mit Zucchiniraspeln und Couscous vermischen und mit Salz und Pfeffer würzen. Aus der Masse 12 Taler formen und auf ein mit Backpapier ausgelegtes Backblech legen. Im Backofen auf mittlerer Schiene ca. 30 Minuten backen. Taler nach ca. 15 Minuten wenden.

3 Für den Dip Joghurt, Koriander und Zitronensaft verrühren und mit Salz und Pfeffer abschmecken. Couscous-Zucchini-Taler mit Koriander-Joghurt-Dip servieren.

1 **SmartPoints Wert**   200 kJ | 48 kcal

Paprika-Risotto aus dem Ofen

Für 4 Personen   Fertig in 35 Min.   Davon aktiv 10 Min.

1 Zwiebel
300 g eingelegte Paprika
(Glas)
75 g fettreduzierter
Mozzarella
275 g trockener Risottoreis
400 g stückige Tomaten
(Konserve)

AUS DEM VORRATSSCHRANK
1 TL Olivenöl
1 Knoblauchzehe
450 ml heiße Gemüsebrühe
(2 TL Instantpulver)
Salz, Pfeffer

ZUM SERVIEREN
2 EL gehackte Petersilie

1 Backofen auf 200° C (Gas: Stufe 3, Umluft: 180° C) vorheizen. Zwiebel schälen und würfeln. Paprika abtropfen lassen und in Streifen schneiden. Mozzarella trocken tupfen und in grobe Stücke schneiden.

2 Öl in einer ofenfesten Pfanne auf mittlerer bis hoher Stufe erhitzen und Zwiebelwürfel darin 6–8 Minuten anbraten. Knoblauch dazupressen und ca. 1 Minute mitdünsten. Reis dazugeben und kurz mitdünsten.

3 Paprikastreifen, Tomaten und 375 ml Brühe unterrühren, aufkochen lassen und mit Deckel im Backofen auf mittlerer Schiene 20–25 Minuten garen.

4 Restliche Brühe mit 50 g Mozzarella zum Risotto geben, verrühren und Käse schmelzen lassen. Mit restlichem Mozzarella belegen, mit Salz und Pfeffer würzen und Paprika-Risotto nach Wunsch mit Petersilie garniert servieren.

8 **SmartPoints Wert**   1441 kJ | 344 kcal

Thai-Curry mit Butternutkürbis und Tofu

Für 4 Personen Fertig in 35 Min. Davon aktiv 15 Min.

800 g Butternutkürbis
250 g Tofu
3 TL grüne Curry-Würzpaste
200 ml fettreduzierte
Kokosmilch
240 g trockener brauner
Basmatireis

AUS DEM VORRATSSCHRANK
1 TL Rapsöl
200 ml vegane Gemüsebrühe
(1 TL Instantpulver)
Salz, Pfeffer

ZUM SERVIEREN
2 EL gehackter Koriander

1 Kürbis schälen, halbieren und Kerne mit einem Löffel entfernen. Kürbis mit Tofu würfeln.

2 Öl in einer Pfanne auf mittlerer Stufe erhitzen und Kürbiswürfel darin ca. 5 Minuten dünsten. Tofu und Currypaste dazugeben und ca. 3 Minuten mitdünsten. Mit Brühe und Kokosmilch ablöschen, aufkochen und 20–25 Minuten köcheln lassen.

3 Reis nach Packungsanweisung in Salzwasser garen. Einige Kürbiswürfel im Curry zerstampfen und mit Salz und Pfeffer würzen. Thai-Curry nach Wunsch mit Koriander bestreuen und mit Reis servieren.

10 **SmartPoints Wert** 1794 kJ | 429 kcal

Milder

Wenn du es weniger scharf magst, verwende rote statt grüner Curry-Würzpaste.

Fleischtomaten mit Risi-Bisi-Füllung

Für 2 Personen   **Fertig in 40 Min.**   **Davon aktiv 20 Min.**

80 g trockener Minutenreis
4 große Fleischtomaten
1 kleine Dose Mais mit Erbsen
(140 g Abtropfgewicht)
1 Ei (Größe M)
70 g geriebener Käse,
30 % Fett i. Tr.

AUS DEM VORRATSSCHRANK
Salz, Pfeffer
1 TL gehackte Petersilie (TK)

1 Reis nach Packungsanweisung in Salzwasser garen. Tomaten waschen, einen Deckel abschneiden, Strunk entfernen und Tomaten mit einem Löffel aushöhlen. Mais mit Erbsen abtropfen lassen. Backofen auf 200° C (Gas: Stufe 3, Umluft: 180° C) vorheizen.

2 Reis mit Mais und Erbsen vermischen. Die Hälfte der Reismischung mit Ei, 30 g Käse, Salz und Pfeffer verrühren und in die Tomaten füllen. Tomaten in eine Auflaufform (ca. 20 x 20 cm) setzen, Deckel aufsetzen, mit restlichem Käse bestreuen und ca. 25 Minuten garen. Restliche Reismischung mit Petersilie verfeinern und zu den Fleischtomaten servieren.

7 **SmartPoints Wert**   1761 kJ | 421 kcal

Wokgemüse mit gerösteten Cashewnüssen

Für 4 Personen   Fertig in 25 Min.   Davon aktiv 15 Min.

200 g trockene Reisnudeln
500 g Champignons
60 g Cashewnüsse
320 g Asia-Gemüsemischung (TK)
4 EL schwarze Bohnen-Sauce

AUS DEM VORRATSSCHRANK
Salz, Pfeffer
1 TL Rapsöl
1 TL Chiliflocken

ZUM SERVIEREN
1 EL gehackter Koriander

1 Reisnudeln nach Packungsanweisung in Salzwasser garen. Champignons trocken abreiben und in dicke Scheiben schneiden. Cashewnüsse fettfrei in einer Pfanne auf mittlerer Stufe 2–3 Minuten rösten und grob hacken.

2 Öl in einem Wok auf hoher Stufe erhitzen und Champignonscheiben mit Chiliflocken darin ca. 5 Minuten anbraten. Asia-Gemüse dazugeben und ca. 10 Minuten mitdünsten.

3 Nudeln abgießen, mit Cashewnüssen und Bohnen-Sauce unter das Gemüse rühren und 1–2 Minuten weiterdünsten. Wokgemüse nach Wunsch mit Koriander bestreut servieren.

9 **SmartPoints Wert**   1537 kJ | 367 kcal

Radieschen-Quark-Puffer mit Tomatensalsa

Für 2 Personen   Fertig in 25 Min.   Davon aktiv 20 Min.

6 Radieschen
1 Ei (Größe M)
3 EL Magerquark
4 Tomaten
6 Frühlingszwiebeln

AUS DEM VORRATSSCHRANK
2 EL Paniermehl
2 EL gemischte Kräuter (TK)
Salz, Pfeffer
3 TL Rapsöl
2 TL Senf
1 EL Kräuteressig

1 Radieschen waschen, raspeln, in ein Küchentuch geben und überschüssige Flüssigkeit ausdrücken. Radieschenraspel mit Ei, Quark, Paniermehl und 1 EL Kräutern verrühren, mit Salz und Pfeffer würzen und aus der Masse 4 kleine Puffer formen.

2 1 TL Öl in einer Pfanne auf mittlerer Stufe erhitzen und Puffer darin ca. 5 Minuten von jeder Seite braten.

3 Für die Salsa Tomaten kreuzweise einschneiden, mit kochendem Wasser überbrühen, häuten und in kleine Würfel schneiden. Frühlingszwiebeln waschen und in Ringe schneiden. Tomatenwürfel mit Frühlingszwiebelringen, restlichen Kräutern, Senf, Essig und restlichem Öl verrühren und mit Salz und Pfeffer abschmecken. Radieschen-Quark-Puffer mit Tomatensalsa servieren.

 **SmartPoints Wert**   984 kJ | 235 kcal

Burrito-Bowl mit Blumenkohlreis

Für 4 Personen   Fertig in 20 Min.   Davon aktiv 15 Min.

600 g Blumenkohl
2 Dosen schwarze Bohnen
(à 255 g Abtropfgewicht)
1 Dose Mais
(285 g Abtropfgewicht)
150 g Avocadofruchtfleisch
4 EL Tomatensalsa

AUS DEM VORRATSSCHRANK
Salz, Pfeffer
3/4 TL Kreuzkümmel
3/4 TL gemahlener Koriander
3/4 TL Paprikapulver
1 1/2 EL Olivenöl
2 EL Rotweinessig

ZUM SERVIEREN
1 EL gehackter Koriander

1 Blumenkohl waschen, in Röschen teilen und fein hacken. Blumenkohl in Salzwasser ca. 5 Minuten blanchieren und abgießen. Bohnen abspülen und mit Mais abtropfen lassen. Avocadofruchtfleisch in dünne Scheiben schneiden.

2 Kreuzkümmel, Koriander, Paprikapulver und 1/2 EL Öl zum Blumenkohl geben, verrühren und mit Salz und Pfeffer abschmecken.

3 Für das Dressing restliches Öl mit Essig, Salz und Pfeffer vermischen. Blumenkohlreis auf 4 Schalen verteilen, mit Avocadoscheiben, Bohnen und Mais anrichten, mit Dressing beträufeln, Tomatensalsa daraufgeben und Burrito-Bowl nach Wunsch mit Koriander garniert servicren.

 **5** **SmartPoints Wert**   1484 kJ | 355 kcal

Crunchy!

Pass auf, dass der Blumenkohl nicht zu stark durchgart – er sollte die Textur von Reis oder Couscous haben. Du kannst den Blumenkohl auch mit einer Käsereibe zerkleinern. Alternativ lässt sich fertiger Blumenkohlreis auch online bestellen.

Auberginenflammkuchen mit Schafskäse

Für 12 Stücke   Fertig in 55 Min.   Davon aktiv 15 Min.

120 g Schafskäse,
25 % Fett i. Tr.
1 große Aubergine (ca. 400 g)
1/2 Packung fertiger Hefeteig
(Frischprodukt, 200 g)
100 g Frischkäse,
bis 5 % Fett absolut
100 g saure Sahne

AUS DEM VORRATSSCHRANK
2 TL Olivenöl
Salz, Pfeffer
1 EL Paprikamark
(alternativ Tomatenmark)
je 1 TL getrockneter Rosmarin
und Oregano

ZUM SERVIEREN
1 EL gehackter Thymian

1 Schafskäse zerbröseln. Aubergine waschen und längs in Scheiben schneiden. Öl in einer Pfanne auf mittlerer Stufe erhitzen und Auberginenscheiben darin 3–4 Minuten von jeder Seite braten und mit Salz würzen.

2 Backofen auf 180° C (Gas: Stufe 2, Umluft: 160° C) vorheizen. Hefeteig nach Packungsanweisung dünn (ca. 2 mm) ausrollen und auf ein mit Backpapier ausgelegtes Backblech legen.

3 Für die Creme Frischkäse, saure Sahne, Paprikamark, Rosmarin und Oregano verrühren und mit Salz und Pfeffer abschmecken. Hefeteig mit Frischkäsecreme bestreichen, mit Auberginenscheiben belegen und Schafskäsebrösel darauf verteilen. Auberginenflammkuchen im Backofen auf mittlerer Schiene 35–40 Minuten backen, nach Wunsch mit Thymian bestreuen und servieren.

3 **SmartPoints Wert**   394 kJ | 94 kcal

Tomaten-Couscous-Salat mit Minze

Für 4 Personen **Fertig in 20 Min.** **Davon aktiv 15 Min.**

240 g trockener Couscous
8 Tomaten
1 Salatgurke
8 Frühlingszwiebeln
400 g fettarmer Joghurt

AUS DEM VORRATSSCHRANK
500 ml Gemüsebrühe
(2 TL Instantpulver)
Salz, Pfeffer

ZUM SERVIEREN
3 EL gehackte Minzblätter

1 Brühe aufkochen. Couscous unterrühren und ca. 5 Minuten quellen lassen. Couscous ca. 10 Minuten abkühlen lassen. Tomaten waschen und in kleine Würfel schneiden. Gurke waschen, erst in dünne Streifen, dann in kurze Stücke schneiden. Frühlingszwiebeln waschen und in feine Ringe schneiden.

2 Für die Sauce Joghurt mit Salz und Pfeffer würzen. Salatzutaten mit Joghurtsauce mischen. Salat in Gläser (je ca. 750 ml Inhalt) füllen, nach Wunsch mit Minze bestreuen, mit einem Deckel verschließen und mitnehmen.

8 **SmartPoints Wert** 1433 kJ | 342 kcal

Zucchini-Süßkartoffel-Puffer mit Erdnussdip

Für 2 Personen   **Fertig in 50 Min.**   **Davon aktiv 50 Min.**

2 TL Erdnusscreme
3 EL Schmand
100 g Süßkartoffeln
500 g Zucchini
1 Ei (Größe M)

AUS DEM VORRATSSCHRANK
75 ml Gemüsebrühe
(1/4 TL Instantpulver)
Salz, Pfeffer
2 EL Mehl
1 Prise Chiliflocken
1 EL heller Balsamicoessig
1 TL Rapsöl
1 TL Senf

1 Einen Topf mit Brühe auf mittlerer Stufe aufkochen lassen. Erdnusscreme einrühren und abkühlen lassen. Mit Schmand verrühren und mit Salz und Pfeffer würzen.

2 Süßkartoffeln schälen. Zucchini waschen, 300 g Zucchini mit Süßkartoffeln raspeln, in ein Küchentuch geben und überschüssige Flüssigkeit ausdrücken. Zucchini- und Süßkartoffelraspel mit Ei und Mehl vermischen und mit Chiliflocken und Salz würzen. Eine Pfanne auf mittlerer bis hoher Stufe erhitzen, mithilfe eines Esslöffels aus der Hälfte der Gemüsemischung 3 Puffer in die Pfanne geben und flach drücken.

3 Puffer ca. 5 Minuten von jeder Seite braten und im Backofen bei 60° C warm stellen. Aus der restlichen Masse 3 weitere Puffer ebenso braten. Restliche Zucchini in dünne Scheiben schneiden. Essig mit Öl, Senf, Salz und Pfeffer verquirlen und mit Zucchinischeiben mischen. Zucchini-Süßkartoffel-Puffer mit Erdnussdip und Zucchinisalat servieren.

8 **SmartPoints Wert**   1323 kJ | 316 kcal

Broccoliquiche mit Käseguss

Für 6 Personen   Fertig in 60 Min.   Davon aktiv 20 Min.

1 Packung Quicheteig
(Frischprodukt, 300 g)
350 g Broccoli
3 Eier (Größe M)
75 g Crème légère
50 g geriebener Käse,
30 % Fett i. Tr.

AUS DEM VORRATSSCHRANK
Salz, Pfeffer
2 TL Senf

ZUM SERVIEREN
200 g Pflücksalatmischung
(Kühltheke)

1 Backofen auf 200° C (Gas: Stufe 3, Umluft: 180° C) vorheizen. Quicheteig nach Packungsanweisung entrollen und eine mit Backpapier ausgelegte Quicheform (Ø 26 cm) damit auskleiden.

2 Teig mehrfach mit einer Gabel einstechen, mit Backpapier abdecken, mit 500 g trockenen Hülsenfrüchten beschweren und im Backofen auf mittlerer Schiene ca. 15 Minuten blind backen. Backpapier mit Hülsenfrüchten entfernen und Quiche im Backofen auf mittlerer Schiene weitere 5–8 Minuten backen.

3 Broccoli waschen und in Röschen teilen. Broccoliröschen 3–5 Minuten in Salzwasser blanchieren, abgießen, abschrecken und auf dem Boden der Quiche verteilen. Eier mit Crème légère, Senf und 40 g Käse vermischen und mit Salz und Pfeffer würzen.

4 Guss auf den Boden gießen, mit restlichem Käse bestreuen und im Backofen auf mittlerer Schiene ca. 25 Minuten backen. Broccoliquiche ca. 30 Minuten abkühlen lassen und nach Wunsch mit Pflücksalatmischung servieren.

9 SmartPoints Wert   1324 kJ | 316 kcal

Mehr Gemüse
Toppe die Quiche vor dem Backen zusätzlich mit 100 g Cocktailtomatenhälften. Die SmartPoints ändern sich nicht.

Glasierte Auberginen mit Sesam

Für 4 Personen   Fertig in 60 Min.   Davon aktiv 15 Min.

4 kleine Auberginen
240 g trockener Basmatireis
4 Frühlingszwiebeln
1 rote Chilischote
1 TL gerösteter Sesam

AUS DEM VORRATSSCHRANK
Salz, Pfeffer
3 EL Honig
3 EL Sojasauce
1/2 TL Chiliflocken

ZUM SERVIEREN
2 EL gehackter Koriander

1 Backofen auf 200° C (Gas: Stufe 3, Umluft: 180° C) vorheizen. Auberginen waschen, längs halbieren und mit einem Messer im Kreuzmuster einschneiden. Auberginenhälften mit der Schnittfläche nach oben auf ein mit Backpapier ausgelegtes Backblech legen und im Backofen auf mittlerer Schiene ca. 45 Minuten garen.

2 Reis nach Packungsanweisung in Salzwasser garen. Frühlingszwiebeln waschen und in feine Ringe schneiden. Chilischote waschen, entkernen und in feine Ringe schneiden.

3 Honig mit Sojasauce und Chiliflocken verrühren, Auberginen damit bestreichen und weitere ca. 5 Minuten garen. Glasierte Auberginen mit Frühlingszwiebel- und Chiliringen, Sesam und nach Wunsch mit Koriander garnieren und mit Reis servieren.

8 **SmartPoints Wert**   1259 kJ | 301 kcal

Do it yourself

Röste den Sesam fettfrei in einer Pfanne
auf mittlerer Stufe 3–5 Minuten.

SmartPoints Register

#		🥕	🌱	🌾	Ⓓ	Ⓢ	❄	Seite
1	Couscous-Zucchini-Taler mit Dip	●				●		85
2	Frittata mit geräucherter Makrele			●	●	●		57
	Wärmende Pesto-Hühner-Suppe					●	●	33
3	Auberginenflammkuchen mit Schafskäse	●				●		98
	Kartoffel-Schellfisch-Pfanne			●	●	●		70
	Zitroniges Schweinefilet mit Spinat			●	●	●		18
4	Gegrilltes Fenchel-Hähnchen mit Apfel-Kartoffel-Salat			●		●		37
	Radieschen-Quark-Puffer mit Tomatensalsa	●				●		94
5	Burrito-Bowl mit Blumenkohlreis	●	●		●	●		97
	Panierte Zitronen-Putensteaks mit Kartoffelstampf				●	●		29
	Tandoori-Hähnchen mit Gurken-Raita			●		●		49
	Ziegenkäseomelette mit Lauch	●						78
6	Balsamico-Hähnchen mit Rösttomaten				●	●		17
	Bulgursalat mit Thunfisch und grünen Bohnen				●	●		74
	Gefüllte Paprika mit Thunfisch und Reis			●		●		61
	Knuspriger Wolfsbarsch mit Sesamnudeln				●	●		66
	Naan-Pizza mit Curryhähnchen					●		13
	Ofenkartoffeln mit Ricotta und Rösttomaten	●		●		●		82
	Schweinesteaks mit Melonen-Couscous-Salat					●		50
	Steak-Kartoffel-Salat mit Honig-Senf-Dressing					●		10
7	Curryhuhn mit gerösteten Süßkartoffeln			●		●		21
	Fleischtomaten mit Risi-Bisi-Füllung	●				●		90
	One Pot Kabeljau mit Reis							65

❄ einfrieren

	🥕	🌱	🌾	🥛	🌾	❄	Seite
8							
Cremige Lachs-Nudeln					●		73
Cremiges Erdnuss-Hähnchen mit Reis				●			41
Gebackener Piri-Piri-Kabeljau				●	●		54
Glasierte Auberginen mit Sesam	●			●	●		106
Grüne Bohnen-Lamm-Eintopf					●	●	14
Paprika-Risotto aus dem Ofen	●				●		86
Sloppy Joes mit Kürbiswedges					●		38
Tomaten-Couscous-Salat mit Minze	●				●		101
Würziger Lachs-Reis-Salat			●		●		69
Zucchini-Süßkartoffel-Puffer mit Erdnussdip	●						102
9							
Broccoliquiche mit Käseguss	●				●	●	105
Gerösteter Lachs mit Erbsen und Chorizo			●	●	●		62
Griechischer Nudelsalat mit Putengyros					●		45
Hähnchen-Lauch-Risotto mit Parmesan					●	●	25
Orientalischer Süßkartoffelsalat	●				●		81
Tatar-Gurken-Bowl mit Spiegelei				●	●		26
Thai-Rindfleisch-Salat mit Reisnudeln				●	●		22
Wokgemüse mit gerösteten Cashewnüssen	●	●			●		93
10							
Geschmorter Lammbraten mit Zucchini			●	●	●		30
Mini-Schnitzel mit Farfalle und milder Tomatensauce				●	●		46
Teriyaki-Rindfleisch-Pfanne mit Ingwer				●	●	●	34
Thai-Curry mit Butternutkürbis und Tofu	●	●	●	●	●	●	89
Würzige Garnelen-Laksa				●	●		58
12							
Rindersteak mit gegrillter Ananas				●	●		42

Die Kennzeichnung wie zum Beispiel „vegetarisch", „vegan", „gluten-", „laktose-" oder „nussfrei" bei den Rezepten ist rein informativ und nicht verbindlich. Es liegt in der persönlichen Verantwortung zu prüfen, ob die verwendeten Lebensmittel die Anforderungen erfüllen.

Alphabetisches Register

Impressum

Redaktion
WW Deutschland
Claudia Braun, Iris Hermann, Ewa Tacke,
Claudia Thienel

Rezepte & Realisierung
Food Professionals Köhnen GmbH, Sprockhövel
Silke Höpker, Ingrid Schmand, Dennis Webers

Fotografie
Klaus Arras, Michael Bernhardi, Florian
Bonanni, Carsten Eichner, Jan Jankovic, Tobias
Pankrath, Hubertus Schüler, WW International

Foodstyling
Myriam Banderob, Ingo Breuer, Katja Briol,
Maren Jahnke, Thomas Lauterbach, Stefan
Mungenast, Anne Rogge, Jörg Schmitz,
WW International

Bildnachweise
WW International

Gestaltungskonzept & Grafik
Niehaus Knüwer and friends GmbH
Werbeagentur, Düsseldorf
Food Professionals Köhnen GmbH, Sprockhövel

Druck
paffrath print & medien GmbH, Remscheid

WW (Deutschland) GmbH
www.ww.com
Info-Hotline 0211 - 3805 3813
ISBN 978-3-9820647-0-3

1. Auflage 2019
WW Coin Logo, SmartPoints, Points, ZeroPoint und
WW Healthy Kitchen sind eingetragene Marken von
WW International, Inc.
© 2019 WW International, Inc.